Gedankengedichte

von
Carla Temporal-Bauer*

veröffentlicht im selbstverlag
druck: fa. simon und sohn
        7800 freiburg

1. auflage juli '84
2. auflage mai '85
3. auflage dezember '87
4. auflage juli '91

carla temporal-bauer
klosterplatz 4
7811 sulzburg
tel. 07634/8373

ISBN 3-924752-00-1

laßt uns endlich
unsere körper bewohnen!
innerlich empfindsam
ohne rüstung
ungeschützt
wollen wir uns
eine wohnung bauen
ganz nach unserem geschmack
um uns wohlzufühlen!

mein herz ist zugänglich
für jeden der es wagt
mit sich
mit mir
mit uns!

Uwe Morawetz.

gedichte von mir

      für mich
      für dich
      für euch

einen lieben kuß all meinen freunden
die mir zum schritt dieses "wagnisbuches"
mut gemacht haben, und besonders einen
an thomas für seine liebe, seine geduld
und sein verständnis!

      ich danke euch

zartes liebkosen
stummes verharren
prickeln unter der haut
sich führen lassen von seinen gefühlen
neues entdecken
manchmal ein schlechtes gewissen
der wunsch nach mehr
warten auf seinen anruf
ein schöner traum
der wirklichkeit geworden ist
ein traum ohne zukunft
und ich weiß es
weiß, daß ich nicht mehr verlangen darf
von diesem traum
werde ihn träumen
wie lange?

allein sitze ich hier
kann den himmel sehen
wolken, weiße und graue
ich sehe die letzten schwalben hoch oben
sie lassen sich tragen vom wind
ich laß mich tragen von meinen gedanken
tragen mich fort von hier
sehe dich vor mir
halte dich fest
ein kuß
mich schaudert
spüre dich ganz nah bei mir
mir wird wärmer
mein herz schlägt, du müßtest es hören
laut
laut möchte ich schreien
die wolken ziehen unaufhaltsam
unaufhaltsam wie jenes gefühl
das ich empfinde wenn ich an dich denke
wenn ich bei dir bin
unendlich schön

ich möchte

bei dir sein zu dürfen
dich zu spüren
dich zu fühlen
einfach glücklich sein
dich reden zu hören
nur dein stiller zuhörer sein
in deine augen schauen
sie sind schön
schön, wie alles an dir
ich übertreibe?
die zeit vergessen
dich liebhalten dürfen
den kopf an deiner schulter
oder in deinem schoß
ganz zart zu dir sein
unendlich zart
manchmal auch wild und verrückt
dich umarmen
dich streicheln und küssen
dir alles zu geben
das wünsche ich mir

die suche nach mir
lang und mühsam
unruhe tief drinnen
trieb mich weiter
trieb mich an weiterzusuchen
dann kamst du
und ich hab mich gefunden

sitzen und warten
gedanken, die mich zu überrennen drohen
unruhe, die wächst
die blicke zur uhr häufen sich
die leuchtziffern sind gut zu erkennen
zu gut
der versuch ruhig zu bleiben, scheitert
das kerzenlicht flackert ein wenig
es scheint meine unruhe zu spüren
eine unruhe, tief drinnen in mir
eine unruhe, die einfach nicht
zu bezwingen ist
noch nicht
die zeit vergeht langsam
währenddem ich warte
verginge sie nur auch so langsam
wenn du bei mir bist
aber da läuft sie davon
scheint minuten zu überspringen
läßt sich nicht aufhalten
und ich hasse sie dafür

sehnsucht

ich spüre
du fehlst mir
spürst du
ich fehl dir?

sitze hier, esse schokolade
seie gut für die nerven, sagt man
und ich will gut zu mir sein
so gut es geht, wenn ich weiß du bist fort
eine woche ist lang, sagte ich
ich bin nicht aus der welt, sagtest du
freitag der siebte
laut horoskop mein glückstag
und er war es
war es für mich, vielleicht auch für dich
ein abschiedskuß, du gehst
tränen laufen über mein gesicht
unaufhaltsam
nach kurzem zögern ans telephon
zitternd deine nummer wählen
besetzt, ich wähle weiter
frei, ich halte den atem an
dann, du meldest dich, mir wird heiß
ich frag nach einem letzten abschiedswort
und du, du sagst
ich hab dich lieb

wieder ein tag zu ende
ein tag, voll mit arbeit, gefühlen und träume
manchmal sind diese tage lang
aber
sie bringen mich wieder ein stück näher
näher an den tag, an dem ich dich wiedersehe
wie viele werden es noch sein?

laufe über felder und wiesen
pflücke blumen
sing leise vor mich hin
leise unser lied
wind streicht durch die bäume
trägt mein lied davon
und ich wünsch mir
er trägt es zu dir

warten auf deinen anruf
versuche ein buch zu lesen
ich tu es, ohne zu begreifen was ich lese
es ist schwer, jetzt nicht an dich zu denken
ich verdränge die gedanken
gedanken, die sich in mir hochschleichen
irgendwann, geb ich es auf
laß sie laufen......

möchte jetzt bei dir sein
dich ansehen können
sehen, wie du deine arbeit machst
wie du redest, was du tust
möchte, wenn es keiner sieht
ganz verstohlen über deine hand streichen
dann wieder nur neben dir sitzen
ich würde dich nicht stören bei deiner arbeit
würde dir nur zuhören
was du den leuten sagst und rätst
es täte gut, öfter um dich zu sein
zu oft, meinst du?
mir nähme es das kleine bischen angst
dich zu verlieren

sehe zur uhr
du wolltest anrufen
jetzt ist es wohl zu spät
ich warte vergebens
hab mich so darauf gefreut
gefreut, dich zu hören
warum tust du das
sagen, du rufst an
und es dann doch nicht tun
sag lieber gleich es geht nicht
ich mag nicht, ich kann nicht
es tut lang nicht so weh

ein traum, den ich nicht vergessen kann
wache auf, will ihn dir erzählen
du hast keine zeit
läßt mich nicht los, der traum
in meinen gedanken sieht es wüst aus
ein gefühl wie angst zieht alles in mir
zusammen
ich versuche dich mehrmals zu erreichen
irgend etwas zwingt mich dazu
du denkst, ich bilde mir das ein?
endlich, es hat geklappt
wir reden belangloses zeug
entschuldige, wenn ich es so nenne
belangloses, das mir jetzt, gerade jetzt
nicht reicht
ich bitte dich um ein wiedersehn
ist das so schlimm, dich sehen zu wollen?
ich fühle, daß ich was falschgemacht hab
falschgemacht, in deinen augen
nicht in den meinen
und ich werde traurig wenn ich daran denke
daß du mich, und das jetzt
nicht verstehst

habe zeit, etwas zeit für mich
ich leg mich hin, fang an zu träumen
sehe ein haus mit roten fensterläden
der backsteinkamin raucht etwas
die haustür steht weit offen
läßt mir den blick frei ins innere
drinnen ist es ganz hell
es riecht gut nach essen
ich gehe näher an das haus
jemand hantiert mit geschirr
der wind hat umgeschlagen
er bläst mir den rauch ins gesicht
ich trete über die holzschwelle
sie ist schon alt und abgetreten
es ist warm hier drinnen
ich häng meinen mantel an einen haken
hänge ihn hin und gehe weiter
nun steh ich im raum
dem raum, den ich von draußen sah
links, ein schön gedeckter tisch
schönes geschirr, blumen und kerzen
vor mir, das offene kamin
wärme schlägt mir entgegen
das geschirrgeklapper hat aufgehört

ich höre schritte
rühre mich nicht vom fleck
eine zweite tür geht auf
sie ist mir vorher gar nicht aufgefallen
und dann kommst du
mit strahlenden augen
ein lächeln um deinen mund
"schön daß du da bist
das essen ist fertig"

ich nehm mir vor
stark zu bleiben
mich zu zwingen
dich nicht anzurufen
denn
die reihe ist nun an dir
jetzt mußt du einen schritt tun
es fällt schwer, auf diesen schritt
zu warten
aber ich muß es tun
für mich

bitte melde dich
ich brauch deine worte
egal was du auch sagst
sie bedeuten mir viel
diese worte
und ich ahne
zu viel, als sie dürfen

ein kleiner, brauner teddybär
er ist weich und warm
doch heut braucht man ihn nicht
legst ihn achtlos fort
mit traurigen augen sieht er dich an
du merkst es nicht
und läßt ihn liegen

es ist lange her, daß du bei mir warst
und ich möchte jetzt loslaufen
loslaufen zu dir
ich möchte dich wegreißen
wegreißen von deiner arbeit
du dürftest keine fragen stellen
nicht jetzt
laß dich mitreißen von mir
mitreißen, irgendwohin
und hab mich lieb
so wie ich dich

warte auf dich
gehe auf und ab
kann einfach nicht ruhig bleiben
alles zittert in mir
und ich kann nichts dagegen tun
einfach nichts

ich glaube, ich bin verrückt

du wirfst meine gefühle weg
wie man verblühte blumen
wegwirft
sie haben nicht lange blühen dürfen
diese blumen

jedes wort
schläge ins gesicht
sie tun weh, diese schläge
vertrauen
das ich verlor
verlor, wie ein teil von mir
von meinem herzen
und es kommt mir so vor
als sei ich ein wenig
gestorben

ein baby weint
ich kann es hier drinnen hören
möchte rauslaufen zu dem kleinen
es auf meinen arm nehmen und trösten

möchte auch ein baby sein

die wunden brennen
ich schreie vor schmerz
du hältst dir die ohren zu
willst das nicht hören

ich stapfe durch herbstlaub
schaue auf zum alten lindenbaum
bitte ihn um eine antwort
währenddem ich warte
fallen die blätter lautlos
auf die erde herab
ich bin auch gefallen

vor mir ein berg
steil, und unsagbar hoch
muß ihn bezwingen
diesen berg
den berg meiner gefühle und träume
auf dem gipfel
schwach zu erkennen
du
du hast es geschafft
bitte hilf mir
ihn auch zu erreichen

ich versuche meine gedanken
fallenzulassen
wie die bäume im herbst ihre blätter
fallen lassen

möchte schwach sein dürfen
mich anlehnen können
nicht nachdenken müssen
meine gefühle laufen lassen
verstanden werden
liebgehabt

was willst du?

sehnsucht die ich habe
die ich nicht haben darf
sie ist einfach da
ohne zu fragen
oft versuche ich vor ihr wegzulaufen
es mißlingt meistens

ich muß noch schneller werden

um eine mücke
von einem
gelben
zuckersüßen mückenfänger
zu befreien
muß man ihr
die flügel abreißen
was muß ich tun
um nicht kleben zu bleiben?

habe eine sehnsucht in mir
sie wirft mich hin und her
macht mich verrückt
will mich nicht verrückt machen lassen
nicht hin und her werfen lassen

ich schwanke und bin
verrückt

du verschweigst mir etwas
ich fühle es
es macht mich traurig
möchte dich danach fragen
tu es dann doch nicht

warum tust du das?

eine spinne spinnt ihr netz
geduldiges arbeiten
endlich, fertig
sie ruht sich aus
ein kind spielt mit einem stöckchen
schlägt in das netz
geht fort
die spinne spinnt ein neues netz
arbeitet, bis es fertig ist

ich möchte die geduld dieser spinne
haben

sehe durch meine brille
sie ist beschlagen
hole ein sauberes, weißes tuch
reibe das beschlagene fort
setze sie wieder auf
und wieder beschlägt sie

ungewißheit zu haben
ist schlimm
schlimmer als die grausamste
wahrheit

ich brauch eine antwort
eine antwort, wie es um deine gefühle steht
du wirst sie mir wohl nie geben
diese antwort
du scheinst dabei nicht zu merken
daß du damit etwas in mir
kaputtmachen wirst

ein schwarzes loch
ab und zu
umrisse zu erkennen
will mehr sehen können
leuchte hinein
hinein, in das dunkel
aber
meine lampe ist nicht leuchtend genug

dich rauslocken aus deiner ecke
dich zu mir zu führen
dich zu verführen deinen kopf
zu verlieren
wie eine raubkatze zu sein
wild
ich würde dich zähmen
du würdest schnurren

würdest du?

ich bat um deine hand
sie sollte mir helfen, diese hand
sollte mir helfen den gipfel zu erreichen
den gipfel unseres berges
nun sehe ich sie vor mir, diese hand
ich lege meine hand in ihre
spüre die kraft in dieser hand
spüre ihre wärme
ihren festen griff
beginne ihr zu vertrauen

neuschnee
ich zieh mir warme schuhe an
binde mir ein warmes wolltuch um
gehe raus
es schneit noch immer leicht
atme die kalte, klare luft
streife meine roten wollhandschuhe über
vergrabe meine hände mit den
wollhandschuhen
in den manteltaschen
die kälte kann mir nichts mehr antun
stapfe durch den frischen schnee
er sieht aus wie puderzucker
vielleicht nicht ganz so weiß
ich bleibe stehen
schau zurück
meine fußspuren werden schon wieder
zugedeckt
von neuschnee, der leise auf die erde
fällt

ich sehn mich nach dir
wehre mich dagegen
es ist zwecklos
mich zu wehren
es wäre schön auch du würdest dich sehnen
nach mir
und könntest dich
auch nicht wehren

hab immer versucht anderen zu geben
hab selten genommen
nun werd ich müde
warte darauf
daß auch ich erhalte
was ich brauche
was ich wünsche

wer gibt mir?

seit meiner kindheit
silberne seile an denen ich hänge
mit jedem jahr
sind sie dicker geworden
stärker
irgendwann, taten sie weh
diese silbernen seile
begann mich von ihnen zu befreien
einen teil habe ich zerrissen
die letzten halten mich noch
und nun hab ich angst
auch die letzten zu zerreißen

furchtbar allein
fühl ich mich
mit eingesperrten gefühlen
sitze ich da
sehne mich nach tröstenden worten
schultern, an denen ich mich anlehnen kann
augen, die sehen wer ich bin
mich sehen, wie ich bin
hänge an silbernen seilen
einige davon sind zerrissen
die letzten sind stärker
sie schneiden in meine haut wenn ich mich
dagegen wehre
ich hänge schon zu lange an ihnen
weiß wohl auch nicht
wie man sich ohne sie
bewegt

regentropfen schlagen an mein fenster
der himmel ist zugedeckt mit grauen wolken
die sonne hat sich verkrochen
die vögel suchen schutz in den
kahlen bäumen
eine herrenlose katze sucht
ein trockenes plätzchen
es regnet nun stärker
das regenwasser gluckert im dachkänel
die pfützen auf der straße werden größer
schillern an manchen stellen ölig blau
an den bordsteinen entlang
bilden sich kleine bächlein
ich möchte ein schifflein aus
zeitungspapier falten
möchte meine träume, gedanken
und wünsche
hineinlegen
die segel setzen
und es auf den bächlein segeln lassen
irgendwohin

in meinen gedanken laufe ich zu dir
jetzt bin ich bei dir
ich halte dich eng umschlungen
spüre die wärme deines körpers
du hast viel wärme
engumschlungen stehen wir da
keiner sagt ein wort
es bedarf keiner worte
ich schaue zur uhr
es ist spät
ich muß gehn
aber bevor ich gehe denke ich
daß es schön wär ich wüßte
daß auch du in deinen gedanken
zu mir läufst

gehe raus auf die straße
keiner merkt
wie ich mir ein anderes kleid überwerfe
mein herz klopft unter der
angespannten haut
ich schau nicht nach rechts
noch nach links
gehe nur geradeaus
gehe, ich weiß nicht
zum wievielten mal
habe es nicht gezählt
werde es nie zählen
beginne schneller zu laufen
gleich bin ich da

wo bin ich?

sehne mich nach armen
die mich halten
lippen, die mich zudecken mit küssen
ineinanderfließende gefühle
hände, die überall sind
möchte mich fallen lassen
werde aufgefangen
getragen
weit weg
und ich will nie mehr
zurück

wünsch mir deine nähe
möchte liebe worte aus deinem mund
hören
worte die sagen, du hast mich lieb
lieb, und vieles mehr
hab sie lange nicht mehr gehört
diese worte
worte aus deinem mund
dein mund, ich möcht ihn berühren
mit meinen fingern
meinen lippen

oh komm doch

abendspaziergang
die stille tut gut
ich atme die kalte luft
laß die gedanken laufen
meine hände tief in den
manteltaschen
der mond steht jetzt über mir
bleibe stehen
suche sein gesicht
er lächelt mir zu
ich lächle zurück
laufe langsam weiter
der mond scheint mir den weg
und ich fühle er weiß um mich
und meine träume
bescheid

fahre durch die straßen
hab was zu besorgen
wir begegnen uns auf der strecke
von weitem schon erkenne ich
deinen wagen
es ist schön dir zu begegnen
du hältst an
fährst an die seite
ich tu dasselbe
läufst über die straße
rüber zu mir
ich zwinge mich sitzen zu bleiben
liefe dir gern entgegen
du tust etwas, was mir viel bedeutet
sagst worte, die ich kenne
die ich nicht vergessen hab
nicht vergessen kann
nicht will
und glücklich fahr ich weiter

unter einem baum
ich lehn mich an ihn
schließe die augen
die sonne wärmt mein gesicht
irgendwo, bellt ein hund
ein flugzeug kommt näher
wird lauter
bald wird es wieder ruhig
still
es tut gut hier zu sitzen
zu träumen
sich von allem auszuruhn
höre das rascheln von blättern
eine spinne zieht neben mir ihre fäden
sehe ihr zu bei ihrer arbeit
das rascheln wird lauter
spüre blicke im rücken
wage es nicht mich umzusehn
eine hand berührt leicht meine schulter
langsam drehe ich mich um
und seh direkt
in deine augen

wir laufen über eine wiese
sie ist voller blumen
überall das summen von bienen
du setzt dich mittenrein
blinzelst in die sonne
sie lacht uns zu
ich werfe dir meinen strohhut zu
es ist schön
wenn der wind mit dem haar spielt
durch das dünne kleid
streichelt er meine haut
ich möchte alles umarmen
dich, die blumen, die ganze welt
laufe zu dir zurück
werf mich auf dich
wir halten uns fest
kugeln uns lachend im gras
niemand der uns stört
niemand

ein packet mit gefühlen
möchte es öffnen
es ist gut verpackt
mit dicken schnüren
gut verklebt
mit breiten klebestreifen
meine hände versuchen
die knoten zu öffnen
es sind mehrere knoten
an einer stelle
möchte die schnur nicht
kaputtmachen
will es ohne schere
versuchen

werde ich es schaffen?

ich war bei dir
du warst lieb zu mir
anders lieb als damals
aber ich hab es gespürt
habe es aufgesaugt
und es tat gut
meine veilchen auf deinem
schreibtisch
du hast sie hierher gestellt
hast ihnen diesen platz gegeben
ich schau sie an
freu mich drüber
sie sind eine antwort für mich
dann muß ich gehen
du nimmst mich plötzlich in deinen arm
gibst mir einen lieben kuß
auf die wange
für einen augenblick versinkt alles um
mich
sie hat sich lange nach
deinen lippen gesehnt
diese wange
gesehnt, wie ich mich sehne
und ich denke
währenddem ich gehe

ich hab ihn lieb

die bäume werfen ihre blätter ab
warten auf den frühling
er bringt ihnen ein neues kleid
dieser frühling
ich hab auch blätter abwerfen müssen
muß mir ein neues kleid nähen
auch ohne frühling

ich denke an einen sommer
er war schön, jener sommer
hat mir viel gegeben
ich hoffe auch dir
der herbst stand vor der tür
zu schnell in meinen augen
du erzählst vom frühling
der kommen wird
ich sah nur noch den eiskalten
winter
brauchte zeit und kraft
dich zu verstehn
und nun freu auch ich mich
auf den nächsten
frühling

ich schau zurück
erst wehmütig, dann voller freude
und ich beginn zu begreifen
daß es weitergeht
weitergeht mit dir und mit mir
ich weiß, es wird anders werden
anders zwischen uns
vielleicht noch wertvoller, schöner
ich wünsch es uns
und unseren gefühlen

möchte mich jetzt hinlegen
ich würde das streicheln einer hand spüren
würde dabei etwas ruhiger werden
langsam
währenddem ich die wärme dieser hand
aufsauge

ich weiß nicht, ob mir diese eine hand
reichen wird
mir ist, es müßten viele hände
mit viel wärme sein

ich hab mich geändert
ob es gut ist?
ich weiß es nicht
noch nicht
werde das anderssein erst
leben müssen
um dies zu wissen

da ist so viel
was ich sagen möchte
sagen müßte
aber ich find nicht die worte
die ich bräuchte
die ich haben sollte

das macht alles
noch schwerer

ein abend
ein märchen
zwei menschen
zwei herzen
gefühle
gedanken
sich halten
sich spüren
sich fühlen

ein kleiner moment
einssein

nehme mir viel zeit für die anderen
nehme sie mir gerne
es macht mir freude
aber manchmal
wünsche auch ich mir zeit
zeit von den anderen für mich
und es ist traurig zu erkennen
daß man sich die zeit nicht nimmt
nicht nehmen will
nicht kann?

wollte nie so werden
wie die vielen anderen
wollte "ich" bleiben
doch ich beginn daran zu zweifeln
ob es nicht besser ist
aufzugeben
doch so zu werden
wie die vielen anderen
es macht vielleicht
nicht ganz so leer und mürbe
wie ich mich, gerade jetzt auch wieder
fühle

es muß etwas anders werden
darf nicht so viel an andere denken
mehr an mich
muß das tun, wonach mir ist
was meiner ansicht nach
das beste ist
so verrückt es auch manchmal
sein mag
ich tu es für mich
und es ist gut

oft belächelt man mich wohl
manchmal glaube ich
es deutlich zu spüren
dann sehe ich grimassen vor mir
mit verzerrten mündern
funkelnden augen
und ich sage ihnen
wie häßlich sie sind

sie lächeln weiter

habe das gefühl
nicht mehr zu können
nicht mehr zu wollen
ich fühl mich leer
und einsam
möchte meine ruhe haben

hab im moment
die kraft
und den willen verloren
weiterzudenken

mir ist kalt

ich sage etwas
man hört mir zu
bald merke ich
man interpretiert meine worte
nimmt sie anders auf
als ich sie sage
als ich sie meine
warum läßt man ihnen nicht
ihren sinn
so, wie er von mir gesagt wird
wie er von mir gemeint ist

irgendwann
werde ich nichts mehr sagen

jetzt ist es wohl passiert
das märchen hat vielleicht
seinen schluß gefunden
kein " und wenn sie nicht
gestorben sind "
einfach so, schluß, vorbei
es hat keine fünf minuten gedauert
dieser schluß mit fragezeichen
ich hab dir trotz allem
eine kleine tür offengehalten
es liegt nun an dir
sie offen zu lassen
oder sie
geräuschlos
zu schließen

was denkst du
was erwartest du
was willst du

denkst
erwartest
willst du
überhaupt?

eine blume
ihre farben leuchten in der sonne
irgendwann
vergißt man sie zu gießen
sie läßt den kopf hängen
einzelne blütenblätter fallen zur erde
gebt ihr wasser
damit sie neue blüten treibt

möchte allein sein
allein mit mir
loslaufen über ein kornfeld
mich mittenreinlegen
der wind würde mir
die sonnenstrahlen ins gesicht wehen
ich schau in den wolkenlosen himmel
ein schmetterling läßt sich
auf meinen nackten füßen nieder
seine flügel glänzen schillernd
in der sonne
ich freu mich über seine gesellschaft
er erzählt mir eine geschichte
woher er kommt
wohin er geht
und ich möchte mit ihm fliegen

du stehst vor mir
groß und stark
hast einen weiten, dicken mantel an
er ist viel zu groß und weit für dich
du breitest ihn aus
ich beginne zu laufen
sinke in das weite
dicke
warme
du deckst mich damit zu
und ich fühl mich geborgen

hände auf meinem rücken
in meinem haar
ich lieg da und laß sie mich
streicheln
wehre mich nicht dagegen
mir ist, als ob ein warmer windhauch
über mich hinwegweht
und ich weiß in diesem moment
daß ich überhaupt nichts mehr weiß

es ist was passiert
in mir
ich spüre etwas
das ich im moment nicht deuten kann
ich bin unruhig
ich weiß nicht, was los ist
mit mir
in mir

es macht mir angst

du verschenkst träume
schenkst vertrauen
schenkst dein verständnis
du schenkst das gefühl
ich bin nicht allein
verschenkst ratschläge
und eine menge zeit
verschenkst noch so viel mehr
zu viel, um es alles zu schreiben
zu nennen

verschenk nicht zu viel
sonst hast du nichts mehr
für dich

in einem zimmer sitzt ein kleiner junge
er hat traurige, blaue augen
still sitzt er da
den kopf auf seinen angezogenen knien
das fenster ist ein spalt weit geöffnet
der wind spielt mit den falten
des vorhangs
dann schließt der junge die augen
schläft ein
leise geh ich raus
schließe vorsichtig die tür
setz mich vor sie hin
und sorge dafür
daß ihn keiner dabei stört

du sagst, es geht dir gut
aber ich glaube zu fühlen
daß es wohl doch nicht ganz so ist
wie du erzählst
warum sagst du nichts
meinst du es täte dir nicht gut
auch mal was loszuwerden
auch selbst mal über sorgen zu reden
mal nicht nur anderen zuzuhören
nicht nur anderen helfen zu wollen
sondern auch dir mal
helfen zu lassen

du suchst für alles erklärungen
meist scheint dir alles
ganz furchtbar logisch

gib acht, daß du nicht
an deiner eigenen logik
kaputtgehst

sie wollen ihn lächeln sehn
immer gut gelaunt
möchten von ihm hören
nur was sie hören wollen
dann sind sie da
die heidi, das lenchen, das lieschen
das ist der typ, der ihnen gefällt

wo aber sind sie
wenn auch er
diesen typ mensch
sucht
braucht

sonnenstrahlen wärmen die fensterscheiben
ich halte die hände daran
die wärme tut gut
gerne würde ich jetzt zu dir laufen
dir deine jacke überwerfen
und dich rausführen
raus, unter diese wärmende sonne
sie würde auch dir gut tun

warum gehst du nicht raus
und wenn du halt lieber
ohne mich gehen magst
dann eben allein

einfach bloß
raus

sonne

du, der fast immer lacht
der, wie es scheint
mit frauen umzugehen weiß
ein großer charmeur
der sich zu nehmen weiß, was er will
wehn er will
sich nie ganz zu erkennen gibt
der fragen hinter sich stehen läßt
die nicht zu beantworten sind
ein rätsel wird er wohl vielen bleiben
sie, die vielen, geben sich irgendwann
damit ab
nur
ich würd gern die lösung dazu finden
und ich weiß
es paßt dir nicht

ich möchte verstehen
warum du verschiedenes tust
was in dir so vorgeht
warum du manchmal dinge tust
die sich in deiner art
zu wiedersprechen scheinen
laß mich dich verstehen lernen
es wird dich nichts kosten
ich tus still
und nur
für mich
und nur
für dich

ich würd dich gern fragen
ob du manchmal noch an mich denkst
einfach nur an mich denkst
in erinnerung und freude
aber
ich frag dich nicht
weil ich ahne
dir ist das schon
zu viel

alles was man tut
scheint dir zu viel
du interpretierst dinge
die nicht zu interpretieren sind
läßt einem nicht mal die chance
nur einfach
gute freunde zu sein
zu bleiben

willst du überhaupt
freunde?

du bist müde
fühlst dich leer
dann plötzlich stehst du auf
du läufst los
irgendwohin
nur allein sein
du mit dir
weißt nicht, wie lange du schon läufst
es ist dir egal
einfach nur fort
und dann glaubst du
du bist da
an einem stillen plätzchen
das jetzt dir allein gehört
du legst dich hin
streckst dich aus
schaust in den himmel
an einem grashalm schaukelt ein käfer
in der ferne, schlägt eine kirchturmuhr
der käfer hat es sich nun
auf deiner hand gemütlich gemacht
still sitzt er da
und dann

erzählst du ihm deine geschichte
eine geschichte, die sonst keiner kennt

irgendwann
fliegt der käfer dann
davon

warum bin ich nicht zufrieden?
ich hab doch alles
sagen sie
ich werd wohl nie mehr
zufrieden sein
jetzt erst recht
nicht mehr

liege hier, still
den alten teddy im arm
unterdrücktes weinen
schnürt mir die kehle zu
er, schläft tief und fest
neben mir
merkt nicht
was sich im moment bei mir
so abspielt
und
merkte er es
er würde es nicht
verstehn

mein geburtstag
geschenke, liebe worte
ich denk nach
über gewesenes
noch kommendes
mich beschleicht ein gefühl
das sich im moment
nirgends richtig einordnen läßt

angst?

ich weiß was ich will
doch es nützt mir nichts
ich will etwas ändern
doch bald geb ich es auf
ich fühle mir fehlt was
und ich will es mir holen
ich merke, wie ich mich dabei
verrenne
helft mir doch

ich sitze in der küche
die gedanken laufen mir
wieder mal davon
ach, könnt ich nur mit ihnen laufen
schnell, weit fort
dahin, wo es das gibt
was ich nicht habe
niemals haben werde?

es macht mich furchtbar traurig

ein lieber freund
besucht mich
gibt mir eine chance
auszubrechen
mich wieder zu finden
aber
ich habe angst davor

ich bin das mädchen
das sich am heißen herd
die finger verbrannt hat
jetzt hab ich angst
nochmal zu nahe an den herd
ranzukommen

heiß

ich bin euch oft unangenehm
vielleicht
weil ich euch sage
was ich denke
was ich fühle
ich wage es, auch in sogenannten
"falschen momenten"
die wahrheit zu sagen
meine wahrheit
man wird dadurch
zwar allzu schnell
unbeliebt
aber ich pfeif
auf eure vorgespielte
freundlichkeit
ein trauriges spiel, das ihr spielt
und steh weiter
zu meinen gefühlen

friedhof
ich seh mich um
und spüre
wieviel leid
wieviel schmerz hier begraben liegt

ich stehe zwischen bäumen, sträuchern
zwischen kreuzen und grabsteinen
es ist ruhig hier
friedlich
hier finde ich das klein bischen schutz
das mir im moment
niemand geben kann

ich tat es, ohne dich zu fragen
tat es aus voller überzeugung
einer mußte diesen schritt
irgendwann mal tun
nun war es an der zeit

ich ahne
du wirst mich vielleicht
beschimpfen
du wirst vielleicht
wütend sein
aber ich weiß
irgendwann
wirst du mich
und das
verstehn

leute versuchen mir was einzureden
und ich muß mich in acht nehmen
daß ich es am ende
nicht auch noch
glaube

ihr belächelt mich
weil ich eurer ansicht nach
zu viel träume

ihr tut mir leid
ihr, die ihr nicht träumen
könnt

lieber laß ich mich
von euch
und auf eure art
für meine euch oft unangenehmen
worte und taten
bestrafen
als daß ich mich
selbst bestrafe
damit
indem ich angenehme
worte und taten für euch suche
und sie nicht empfinde

sie lieben dich
solange du tust was man
von dir erwartet
doch
wie schnell wird aus dieser liebe
haß
wenn auch du mal was
von ihnen
erwartest
zu tun
verlangst

war es jemals
liebe?

es ist wohl deine art
fragen offen zu lassen
unbeantwortet
es ist einfacher
bequemer
glaubst du

ich nenn es
anders....

an was sind wir gescheitert?
an meiner ehrlichkeit
meiner offenheit
über meine gefühle zu reden
die sich nicht verleugnen
lassen?

wenn ich so durch die straßen laufe
die vielen menschen sehe
die an mir vorübergehen
augen, die mich sehen
und doch nicht sehen
möchte ich laut losschreien
und ihnen die augen öffnen

wenn man
als frau und mutter
den sogenannten pflichten
nicht mehr nachkommen will
nicht mehr kann
bricht der ganze laden
zusammen

die tage zogen an mir vorbei
einer wie der andere
gleich und langsam
manchmal auch
gleich und schnell

ich weinte keinem davon
nach

man muß stark sein
hart im nehmen
nicht jammern
nicht weinen

ich kann nicht mehr
bin schwach
weich
jammere und
weine

ach, laßt mich doch
in ruh

du erkennst
es ist zu spät
für dich
du sitzt fest
und das
für immer

laßt mich
mit meinen tränen
meinen gedanken
meinen träumen
allein

ihr könnt mir doch nicht
helfen

ich glaube alles
oder sagen wir auch nur, fast alles
in meinem leben
falsch gemacht zu haben
und jetzt hab ich
entgültig
genug davon

ich glaube
eine entziehungskur täte mir gut
weit weg von hier
fremde stadt
fremde gesichter
doch
im herzen zweifle ich daran
ob sie mir jemals
meine gefühle
meine gedanken
entziehen
können

jetzt, wo ich dich
wieder einmal brauche
bist du nicht da

man muß sich dran gewöhnen

oft wünsche ich mir
das alles vergessen zu können
aber dann denke ich mir
es wäre schade
um diese schönen
erinnerungen

mach dir doch nichts vor
belüg dich doch nicht selbst
das ist vielleicht was für andere
aber nicht
für dich

ich bin jedem blatt papier
dankbar
das geduldig meine gedanken
meine gefühle
erträgt

ich weiß nicht wohin
weiß nicht warum
weiß nicht wer ich bin
weiß nicht was ich noch soll

gibt es"mich" noch?

wie naiv
die menschen doch sind
fallen auf schminke und
maskerade
voll
rein

wieso kann sie mir nicht
in die augen sehn
wieso spielt sie mir was vor
wieso sagt sie nicht
was sie quält
vielleicht könnten wir dann
gute freunde sein

wir sitzen doch beide
im selben boot

vernünftig wäre es wohl
sich nicht mehr zu sehen
nicht mehr zu sprechen
dem anderen aus dem weg zu gehn
alles zu vermeiden
was alte wunden
wieder aufbrechen läßt

ich bin leider nicht stark genug
so vernünftig zu sein
mein herz spielt da
nicht mit

was bist du für ein mensch
von dem ich einfach nicht
loskomme....

ich kann dich halt
einfach nicht
vergessen

tut mir leid

es ärgert dich
wenn man alles an dir
zu interpretieren versucht
denkst du
auch manchmal daran
daß es andere auch
ärgern könnte
interpretiert zu werden?

vertrauen, ist gut
jemandem vertrauen zu können
noch besser

darf man überhaupt noch
vertrauen können?

was man alles aushalten kann
wenn man muß

irgendwann hört das aber
auch auf

manchmal liebe ich dich
manchmal hasse ich dich
für das alles

hilfe

nur nichts zugeben
man könnte ja
sein toll wirkendes
image
versauen

ich
warum ich
warum ich nicht
du
warum du
warum du überhaupt

ich
du
überhaupt
nicht

diese gleichgültigkeit
in der wir leben
mit der wir leben
ödet mich an

ich werd mich nie damit
abfinden können

was soll man tun
wenn einen die anforderungen
und ansprüche
der anderen
zu erschlagen drohen

ist weglaufen
zu feige?

du spieltest ein spiel
und ich glaube
wohl war dir
nicht dabei

wie schade
für dich

du sitzt da
undurchschaubar
voller geheimnisse
wenige, die dich kennen
ein wenig

kennst du dich
überhaupt?

sei nicht traurig
denn
nur du kennst die wahrheit deiner
geschichte
der geschichte
die sie nicht kennen
nur
zu kennen meinen
kennen wollen
und stimmte auch ein teil
ihres geglaubten wissens
über deine geschichte
es ist nicht deine geschichte
die du im herzen trägst

halt sie fest
sie gehört allein
dir

was muß das für ein mensch sein
dem du dich
zu erkennen gibst

kannst
willst du das
überhaupt?

du sagst, du hättest keine zeit
warum hast du dann
für andere, dir wichtige dinge
viel zeit
und für mich
nicht mal fünf minuten?

ich bins dir wohl
nicht mehr wert?

vielleicht denkst du
die hat zeit
die läuft mir schon nicht
davon

täusch dich da nur nicht

spielst du nicht ein spiel
mit ihr
mit mir
mit ihnen?
dann hoffe und wünsch ich mir
für dich
daß sie
daß ich
daß sie
nicht irgendwann
dasselbe tun
mit dir

vorahnungen plagen mich
werfen mich zu boden
ich kämpfe mit aller kraft
gegen sie an
draußen ist plötzlich die sonne
verschwunden
wolken verdunkeln den himmel
die bäume schwanken im wind
und ich halte es nicht mehr aus
in gedanken renne ich allem
auf
und davon

ich komm nicht weit

manchmal spielt man ein spiel
manchmal, ohne es zu wissen
und
manchmal wär es besser
das spiel zu erkennen
und dann
den spielplan zu ändern
und das
nicht erst, wenns zu spät ist

menschen können viel zerstören
ohne es zu wissen
und wüßten sie es auch
es würde nichts
gar nichts
daran ändern

sie können mir
alles nehmen
wenn sie wollen
alles
nur nicht
meine erinnerungen
nie
niemals

wie gut

du hast briefe von
mir
von denen ich glaube
daß es besser wäre
du würdest sie wegbringen
weg zu mir
ich werde sie dann besser aufbewahren
als du es getan hast
geheim und unzugänglich
für niemanden
erreichbar

ich sage
bring die vielen briefe
zu mir
du sagst
ich komme
und
kommst nicht
und
bringst sie nicht

du
mir ist ernst

spaziergang im regen
durch große wasserpfützen laufen
die regentropfen im gesicht spüren
die hose und der pullover
kleben am körper
leute bleiben verwundert stehn
verstecken sich unter ihren
großen, grauen regenschirmen
ich lache ihnen zu
und laufe weiter
ohne anzuhalten
immer weiter
vielleicht läuft irgendwann
mal einer mit?

ein tag wie jeder andere
ich geh in die stadt
mach meine besorgungen
gehe noch ein wenig bummeln
und dann seh ich dich
ich ruf deinen namen
komisch, er fällt mir
nach so langer zeit
gleich wieder ein
du drehst dich suchend um
jetzt siehst du mich
rennst rüber
umarmen

schön, daß ich dir
nach so langer zeit
wieder begegnet bin

ich bin froh

wir sitzen da, und reden
es tut gut so neben dir zu sitzen
verstohlen seh ich dich an
du hast dich überhaupt nicht
verändert

schön, daß es
solche momente noch
für mich gibt

du siehst mich an
und ich merke
daß da irgendwas ist
wie damals
du hast mich schon damals
fasziniert

du verrücktes huhn.....

ich kämpfe stille kämpfe
in mir
sie sind kalt und
brutal
wer wird wohl
der sieger sein

ob man wohl über mich
weint
ob man wohl noch
an mich denkt
ob man mich wohl
vermißt
wenn ich
nicht mehr bin?

ich möchte jetzt zu dir laufen
meinen kopf in deinen schoß
vergraben
und alles rausweinen
was mich im moment
fast zu erdrücken droht

ich glaub, ich krieg
keine luft mehr

zwei leben
ich und ich
ich brauch sie beide
das weiß ich

jetzt!

ich bin einfach nicht mehr bereit
das alles
mit mir rumzutragen
ich glaube, ich werf einfach
einen teil davon
weg

du brauchst mich ja jetzt
wohl nicht mehr
na gut, ich werd mich damit
abfinden müssen
es ist ja egal, wie ich das wohl
schaffen werde
ob überhaupt
und ich bin froh
daß es gerade jetzt
einen anderen menschen gibt
an den ich
denken darf
denken kann

ich schenk dir blumen
um dir eine freude zu machen
ich hab es, wie du sagtest
anscheinend auch geschafft

laß mich dir noch lange
diese freude machen dürfen

es freut mich

zu viert im auto
vollmond und schöne musik
ich lehn mich zurück
schließ die augen
und sehn mich
nach einer hand die mich
hält
währenddem ich weit fortgeh

kerzen verbreiten sanftes licht
schöne musik macht
das sprechen unnötig
wir lauschen auf das um uns
auf das in uns
mir wird wohlig warm
es tut gut hier zu sitzen
die beine habe ich zugedeckt
mit deiner decke
und ich wünsch mir
ich könnte eben diese decke
gerade jetzt
mit dir teilen

wenn ich bei dir bin
fühl ich mich gut
es ist schön, dich um mich
zu haben
manchmal spielen sich dann
dinge in mir ab
über die ich mit dir reden
möchte, sollte
doch
es fehlt mir an mut
über eben diese dinge mit dir
zu reden
ich habe angst, dir damit vielleicht
wehzutun
und du
ich will dir nicht wehtun
nie
niemals

post von dir
ich lese die karte mit den
ballettschuhen vorne drauf
vier, fünf mal

ich könnte weinen
vor freude

danke

empfindungen
wenn ich bei dir bin
einfach schön
ich will so viel sagen
aber
ich schaff es einfach nicht
weil ich dich
nicht jetzt schon
vielleicht deshalb dann
verlieren will

du bedeutest mir viel

es ist raus
es ist gesagt
ich mußte dich gestern
einfach danach fragen
und ich bin froh
so unendlich froh
daß ichs getan hab

ich war das erste mal
seit langem
wieder glücklich

ich dank dir
für einfach alles
das du mit mir
mit dir
an mir
an dir
tust

danke

ich hab dich gefunden
du hast mich gefunden
wir haben uns gefunden

wie schön
für dich
für mich
für uns

du hast mich
aus deinen fängen und
krallen
verloren
sie haben mich lange genug
halten können
unter schmerzen
hab ich mich befreit
von ihnen
von dir
mutter

merkst du nicht
was du anrichtest
was du kaputtmachst

dir war es früher
schon egal
was du für wunden
schlägst
an mir
in mir

ich mußte lernen
auf meine eigene stimme
zu hören
sie ist in mir
am anfang hörte ich sie nur
ganz leise
jetzt ist sie laut
lauter als
du

was willst du?
mich in eine rolle reinzwängen
die ich nicht spielen kann
weil sie nicht " ich " ist?
reicht es nicht
wenn du so eine
scheiß rolle
spielst?

wenn du mit dir
und der welt
fertig bist
resignierst aus
bequemlichkeit

ich bins nicht!

ohne euch
die ihr mir kraft gebt
die ihr mir zur seite steht
an mich denkt
bei mir seid wo ich auch bin

ich würds ohne euch
nicht schaffen

ich hab euch lieb

ihr stützt mich, wenn ich falle
ihr seid bei mir, wenn ich
alleine bin
ihr nehmt mich so
wie ich bin
ihr habt vertrauen
in uns

ich dank euch dafür
mit mir

ein anruf
ein "hilfeschrei"
und ich bin froh
daß ich mit meinen gedanken
meinen worten
helfen kann
so wie man mir hilft
wenn ich anrufe
wenn ich
um hilfe schreie

mein freund

so nah
und plötzlich
so weit
von dir entfernt
du veränderst dich
vor meinen augen
langsam.
wie ein chamäleon
veränderst du
deine farbe
und
ich erschrecke
wieder mal

mein verhalten
unmöglich?
vielleicht
aber ich hab einfach
keine lust
mir eine maske aufzusetzen
nur
um einen guten
eindruck
zu hinterlassen

ich bin ich
so wie du
du bist

den impuls
eines augenblickes
voll ausleben

mit dir

hurra, ich lebe

merke
wie ich die kontrolle
über meinen kopf
über meinen körper
verliere
langsam in das
unendliche
versinke
   sinke
      weg

er
der sein leben lang
geschuftet hat
sich und seiner frau
nichts gönnte
vor lauter arbeit vergaß
auch mal sein leben
zu leben
er
liegt nun
zwischen weißen leintüchern
kissen und laken
von schmerzen gequält
gepeinigt
zum sterben bereit
da

was für ein leben

du beginnst eine lange reise
durch die welt
mit dir und deinen gedanken
deinen fragen, gefühlen und
träumen
fährst du los
und ich
ich darf mit
fahr mit
in deinem herzen
und
in einer deiner taschen
als kleines bild

sogar in farbe

ich bin furchtbar aufgeregt
wohin unsere reise
geht
und
ich dank dir, daß du mich
einfach grad so
mitnimmst!

ich habe mit diesem buch gelernt
schritte zu wagen
ich werde nicht mehr aufhören
solche schritte zu riskieren
denn
ihre spuren bringen mich
zu mir
und immer wieder
näher
und näher
und näher

irgendwann mal
bin ich dann
da

Carla Temporal-Bauer

Uwe Morawetz ist

„UM"

Ein 18jähriger Schüler
veröffentlicht sein Tagebuch.

Erhältlich im Buchhandel.
ISBN 3-924359-00-8

Bestellungen an:

Uwe Morawetz   oder   Verlag und
Unterdorf 52   Vertrieb Rotation
7800 Freiburg 34   Mehringdamm 51
Tel. (0 76 64) 12 56   1000 Berlin 61
                               Tel. (0 30) 6 92 79 34